VOLTAIRE & L'ÉGLISE

PAR

L'ABBÉ MOUSSINOT

DÉMÊLÉS DE VOLTAIRE AVEC LE CURÉ DE MOENS.
LES JÉSUITES A FERNEY.
LES COMMUNIONS DE VOLTAIRE ET SES DÉMÊLÉS AVEC L'ÉVÊQUE D'ANNECY.
VOLTAIRE PÈRE TEMPOREL DES CAPUCINS.

PARIS
LIBRAIRIE SANDOZ & FISCHBACHER

NEUCHATEL
LIBRAIRIE J. SANDOZ

GENÈVE
LIBRAIRIE DESROGIS

1878

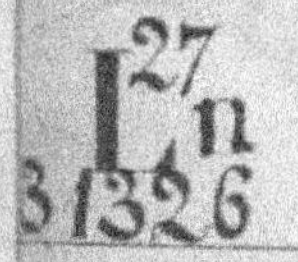

VOLTAIRE & L'ÉGLISE

VOLTAIRE & L'ÉGLISE

PAR

L'ABBÉ MOUSSINOT

DÉMÊLÉS DE VOLTAIRE AVEC LE CURÉ DE MOENS.
LES JÉSUITES A FERNEY.
LES COMMUNIONS DE VOLTAIRE ET SES DÉMÊLÉS AVEC L'ÉVÊQUE D'ANNECY.
VOLTAIRE PÈRE TEMPOREL DES CAPUCINS.

SINE DOLO

PARIS
LIBRAIRIE SANDOZ & FISCHBACHER

NEUCHATEL — LIBRAIRIE J. SANDOZ
GENÈVE — LIBRAIRIE DESROGIS

1878

NEUCHATEL. — IMPRIMERIE ATTINGER.

PRÉFACE DE L'ÉDITEUR

On a tout écrit sur Voltaire. Aussi ce petit volume, tout anecdotique, n'a-t-il nullement la prétention d'éclairer d'une lumière nouvelle un épisode quelconque de la vie du patriarche de Ferney.

L'auteur s'est simplement proposé de grouper, dans une série de monographies, dont celle-ci est la première, quelques-uns des traits les plus saillants de cette physionomie si mobile et si diversement jugée.

Publié à l'occasion du Centenaire de Voltaire, cet opuscule n'a, du reste, aucune tendance d'aucun genre.

On raconte, on cite : au lecteur de conclure.

L'ÉDITEUR.

Démêlés de Voltaire avec le curé de Moëns.

1761

A son départ de Prusse, en mars 1753, Voltaire, n'osant pas rentrer à Paris, vivant tour à tour à Colmar, à Lyon, à Monteron, sur le territoire de Lausanne, dans son château des Délices à Genève, vint enfin, en 1758, s'établir à Ferney, dans le Pays de Gex, avec sa nièce, Mme Denis.

A cette époque, c'était aux curés de villages qu'était confié, dans la contrée, le soin de faire la police.

Au mois de décembre 1760, le curé Ancian, qui desservait la paroisse de Moëns, ayant appris que trois jeunes gens, au retour de la chasse, étaient en train de souper chez une honnête bourgeoise du bourg de Magny, la veuve Bourdet, part de chez lui, accompagné de quatre vigoureux paysans, armés de gros bâtons, pénètre nuitamment chez la veuve, et, secondé de ses acolytes, assomme de coups les trois soupeurs. L'un d'eux, le nommé Decroze, du village de Saconnex, resta sur le carreau, baigné dans son sang. On dut tout d'abord le transporter au château de Voltaire, qui, dans tout le pays, était la providence des pauvres paysans. Il résolut, sans perdre de temps, de faire rendre justice à l'infortunée victime du prêtre. Il rédigea à cet effet, pour le père du jeune homme, une requête «A Monsieur le lieutenant criminel du Pays de Gex, et aux Juges qui doivent prononcer avec lui en première instance.» Il y était dit :

« Je demande vengeance du sang de mon fils : toute la province crie qu'on fasse justice... Mon fils unique est entre la vie et la mort; il ne peut s'expliquer; et je n'ai que mes larmes pour me plaindre à vous. Tout ce que je sais certainement, par les rapports unanimes qui m'ont été faits, c'est que mon fils a été assassiné, le 28 décembre dernier, entre dix heures et demie et onze heures de nuit, par le curé de Moëns, nommé Ancian, au village de Magny; que le curé porta lui-même les premiers coups, qu'il fut secondé par plusieurs paysans apostés par lui-même, et qu'on me rapporta mon fils tout sanglant, sans pouls, sans connaissance, sans parole, état où il est encore.»

La requête, signée Ambroise Decroze, Vachat, procureur, est datée de Saconnex, 3 janvier 1761.

A quelques jours de là, Voltaire y ajoutait une *Addition* pour le père Decroze :

« Le 10 janvier, j'apprends que le juge a décrété de prise de corps tous les complices du curé Ancian. Ils ont pris la fuite... A l'égard du curé, il n'est décrété que d'ajournement personnel. Cependant le bruit public de la province est qu'il a signé, le 28 décembre, un billet à ses complices par lequel il promettait les mettre à l'abri de toute recherche et de tout dommage. La veuve Burdet a dit à vingt personnes et a dû déposer que le curé était venu boire chez elle la veille de l'assassinat, à dix heures du soir; qu'il lui avait dit en s'en allant en colère : Adieu, la paille est trop près du feu. Si jamais il y eut un assassinat prémédité, c'est sans doute celui-ci. Cependant les complices sont décrétés, et celui qui les a corrompus, qui les a armés, qui les conduit, qui a frappé avec eux, n'est qu'ajourné, parce qu'il est prêtre et qu'il a des protecteurs. Cependant mon fils, assassiné le 28 décembre, est à l'agonie le 10 janvier. »

Ancian n'ayant été condamné qu'à 1,500 livres de dommages et intérêts, Voltaire écrit, le 3 juin 1761, à l'avocat Arnault, doyen de l'Université, à Dijon :

« Pour l'affaire du curé de Moëns, la sentence de Gex me paraît ridicule. Je ne sais si vous êtes chargé de cette affaire; je le souhaite au moins, pour apprendre aux curés de ce canton barbare à ne pas employer leur temps à distribuer des coups de bâton aux hommes, aux femmes et aux petits garçons; le zèle de la maison du Seigneur ne doit pas aller jusqu'à assommer les gens. »

Il lui écrivit derechef, le 6 juillet :

« Vous savez, sans doute, Monsieur, par l'affaire d'Ancian, que, parmi ces animaux-là, il y en a qui ruent. Si ce curé Ancian est brutal comme un cheval, il est malin comme un mulet et rusé comme un renard; mais malgré ses ruses, je crois que vous le prendrez au gîte. Je puis vous assurer que lui et ses confrères ont employé toutes les friponneries profanes et sacrées pour avoir de faux témoins; ils se sont servis de la confession qui met les sots dans la dépendance des prêtres. Je n'ai point vu les procédures, mais je puis vous assurer sur mon honneur et sur ma vie, que ce curé Ancian est un scélérat des plus punissables que nous ayons dans l'Eglise de Dieu. Il ne peut empêcher, malgré tous ses artifices et tous ceux de ses confrères, que Decroze n'ait eu le crâne fendu dans la maison où ce curé alla faire le train au milieu de la nuit la plus noire avec quatre coupe-jarrets. Je ne veux que ce fait : tout le reste me paraît peu de chose. Le père Decroze peut envoyer trois serviettes qu'il conserve teintes du sang de son fils; elles devraient servir à étrangler le curé de Moëns, pourvu que préalablement il fût bien confessé. »

Le curé de Moëns ne pardonna jamais à Voltaire sa généreuse intervention en faveur de Decroze, et en l'année 1761, il crut le moment favorable de s'en venger.

Donnons ici la parole à Wagnière, le si digne et si dévoué secrétaire du patriarche de Ferney [1] :

« M. de Voltaire, seigneur de Ferney, avait demandé et obtenu de l'évêque d'Annecy, du curé et des paroissiens, de changer l'emplacement de l'église et du cimetière de ce village, en se chargeant de la dépense. L'église était très laide et masquait son château. Il fut très pressé de faire exécuter l'ouvrage, fit abattre la moitié de l'église, les murs du cimetière, et changer de place à une grande croix de bois qui se trouvait dessus, avant d'avoir rempli toutes les formalités requises en pareil cas. Le curé dont je viens de parler engagea alors celui de Ferney à transporter le Saint-Sacrement dans son église, lui persuadant, ainsi qu'aux habitants, que M. de Voltaire avait profané et fait profaner la leur; qu'il avait dit en présence d'une couturière très dévote : *Qu'on m'ôte cette potence,* en parlant de cette croix du cimetière. Enfin, le curé de Ferney, effrayé, les larmes aux yeux, suivi de ses pa-

[1] Né en Suisse en 1739, mort en 1788, Voltaire le prit à son service en 1754, et, en 1756, il succéda à Collini, comme secrétaire de l'illustre philosophe, qui le conserva auprès de lui jusqu'à sa mort. Lorsque Catherine II acheta de Mme Denis la bibliothèque de Voltaire, elle fit venir à Saint-Pétersbourg Wagnière, afin qu'il la disposât de la même façon qu'au château de Ferney (1779), et elle lui donna à son départ pour la France une pension viagère de 1900 livres.

roissiens aussi en pleurs, alla en procession déposer dans l'église de Moëns le Saint-Sacrement.

» Alors le curé de Moëns dénonça M. de Voltaire comme impie et sacrilége à l'official de Gex. Toute la justice séculière et ecclésiastique descendit à Fernex. On commença un procès criminel très violent contre le seigneur du lieu, et ces messieurs espéraient bien que M. de Voltaire serait brûlé, ou au moins pendu pour la plus grande gloire de Dieu et l'édification des fidèles. Ils le disaient même publiquement.

» M. de Voltaire prit le parti de s'adresser en droiture au pape, par le canal du cardinal Passionei et par M. le duc de Choiseul. Il envoya à Rome le plan de la vieille et de la nouvelle église. Il supplia sa sainteté de lui envoyer des reliques pour les y placer. Le pape approuva tout, lui envoya un morceau du cilice de saint François d'Assises, patron du seigneur de Ferney, qui ne fut ni brûlé, ni pendu, au grand regret des bons catholiques, et qui acheva tranquillement de leur bâtir une jolie église, sur le frontispice de laquelle il fit mettre cette inscription : DEO EREXIT VOLTAIRE, 1761.

» Cependant le lieutenant criminel de Gex avait envoyé les procédures et les informations au procureur général du parlement de Dijon, et on attendait l'ordre d'arrêter l'accusé. M. François Tronchin, conseiller d'Etat de Genève, l'un des véritables amis de M. de Voltaire, se trouvant alors à Dijon, chez M. de Quintin, procureur général, plaida avec chaleur la cause de son ami, et engagea ce magistrat, ainsi que le premier président, à laisser enterrer cette affaire dans la poussière du greffe, en sorte qu'elle n'eut aucune suite. Mon maître n'a jamais su que M. Tronchin lui avait rendu ce service essentiel dans une affaire qui prenait une allure grave et qui l'avait beaucoup inquiété. »

Mémoires sur Voltaire et sur ses ouvrages, par Longchamp et Wagnière, ses secrétaires (Paris, Aimé André, 1826), t. I. Additions au *Commentaire historique*, par Wagnière, p. 42-45.

On trouve dans la correspondance de Voltaire mainte trace de ses démêlés avec le curé de Moëns, à propos de l'église de Ferney.

Le 21 juin 1761, il écrivait à d'Argental :

« ..... Je vous ai caché une partie de ma douleur; mais enfin, il faut que vous sachiez que j'ai la guerre contre le clergé. Je bâtis une église assez jolie, dont le frontispice est d'une pierre aussi chère que le marbre; je fonde une école, et, pour prix de mes bienfaits, un curé d'un village voisin, qui se dit promoteur, et un autre curé qui se dit official, m'ont intenté un procès criminel pour un pied et demi de cimetière et pour deux côtelettes de mouton qu'on a prises pour des os de mort déterré.

» On m'a voulu excommunier pour avoir voulu déranger une croix de bois, et pour avoir abattu insolemment une partie d'une grange qu'on appelait paroisse.

» Comme j'aime passionnément à être le maître, j'ai jeté par terre toute l'église, pour répondre aux plaintes d'en avoir abattu la moitié. J'ai pris les cloches, l'autel, les confessionnaux, les fonts baptismaux; j'ai envoyé mes paroissiens entendre la messe à une lieue.

» Le lieutenant criminel, le procureur du roi sont venus instrumenter; j'ai envoyé promener tout le monde, je leur ai signifié qu'ils étaient des ânes, comme de fait ils le sont. J'avais pris mes mesures de façon que M. le procureur-général du parlement de Dijon leur a confirmé cette vérité. Je suis à présent sur le point d'avoir l'honneur d'appeler comme d'abus, et ce ne sera pas maître Le Dain qui sera mon avocat. Je crois que je ferai mourir de douleur mon évêque, s'il ne meurt pas auparavant de gras fondu.

» Vous noterez, s'il vous plaît, qu'en même temps je m'adresse au pape en droiture. Ma destinée est de bafouer Rome et de la faire servir à mes petites volontés. L'aventure de Mahomet m'encourage. Je fais donc une belle requête au Saint-Père; je demande des reliques pour mon église, un domaine absolu sur mon cimetière, une indulgence *in articulo mortis*, et, pendant ma vie, une belle bulle pour moi tout seul, portant permission de cultiver la terre les jours de fête, sans être damné. Mon évêque est un sot qui n'a pas voulu donner au malheureux petit pays de Gex la permission que je demande ; et cette abominable coutume de s'enivrer en l'honneur des saints, au lieu de labourer, subsiste dans bien des diocèses..... »

Le mois suivant, il écrivait à l'avocat Arnauld, à Dijon :

« ..... De quoi s'agit-il pour faire tant de vacarme ? d'une croix de bois qui ne peut subsister devant un portail assez beau que je fais faire, et qui en déroberait aux yeux toute l'architecture. Il (l'official de Gex) a fait dire à un malheureux que j'ai appelé cette croix *figure ;* à un autre que je l'ai appelée *poteau :* il prétend que six ouvriers qu'il a interrogés, déposent que je leur ai dit, en parlant de cette croix de bois qu'il fallait transplanter : *ôtez-moi cette potence.* Or, de ces six ouvriers, quatre m'ont fait serment, en présence de témoins, qu'ils n'avaient jamais proféré une pareille imposture et qu'ils avaient répondu tout le contraire. Des deux témoins qui restent, et que je n'ai pu rejoindre, il y en a un qui est décrété de prise de corps depuis quatre mois, et l'autre est convaincu de vol.

» Au reste, Monsieur, je suis bien aise de vous dire que cette croix de bois qui sert de prétexte aux petits tyrans noirs de ce petit pays de Gex, se trouvait placée tout juste vis-à-vis le portail de l'église que je fais bâtir ; de façon que la tige et les deux bras l'offusquaient entièrement, et qu'un de ces bras, étendu juste vis-à-vis le fontispice de mon château, figurait réellement une potence, comme disent les charpentiers. On appelle *potence*, en terme de l'art, tout ce qui soutient des chevrons saillants; les chevrons qui soutiennent un toit avancé, s'appellent *potence;* et quand j'aurais appelé cette figure *potence*, je n'aurais parlé qu'en bon architecte. » (A Ferney, le 6 juillet 1761.)

A Mme de Fontaine, sa nièce, il écrivait le 19 mars 1762 :

« Je suis bien fâché de ne pas vous marier dans mon église, en présence d'un grand Jésus, doré comme un calice, qui a l'air d'un empereur romain, et à qui j'ai ôté sa physionomie niaise. »

Enfin, au comte d'Argence de Dirac, Voltaire mandait le 22 octobre 1761 :

« J'ai bâti une église et un théâtre; mais j'ai déjà célébré mes mystères sur le théâtre, et je n'ai pas encore entendu la messe dans mon église. J'ai reçu, le même jour, des reliques du pape et le portrait de Mme de Pompadour; les reliques sont le cilice de saint François. Si le Saint-Père avait daigné m'envoyer le cordon au lieu du cilice, il m'aurait fort obligé. »

Les Jésuites au château de Ferney

1763

Après la dissolution de la Société de Jésus, — qui ne fut abolie solennellement par le pape Clément XIV (Laurent Ganganelli) qu'en 1773, — Voltaire recueillit chez lui un Jésuite du nom de P. Adam, et plusieurs autres lui écrivirent pour le supplier de les recevoir aussi dans sa maison.

« J'en ai vu trois à Ferney, dit Wagnière, secrétaire de Voltaire, dont l'un était Espagnol, venir demander à M. de Voltaire un asile. Il me dit en riant de m'informer d'eux si c'était à titre de laquais qu'ils se présentaient chez lui et s'ils prendraient sa livrée. L'Espagnol accepta sur-le-champ sa proposition, sur quoi M. de Voltaire les congédia tous trois en les aidant de quelques secours pour continuer leur voyage et gagner une autre retraite[1]. »

[1] *Mémoires sur Voltaire et sur ses ouvrages*, par Longchamp et Wagnière, ses secrétaires (Paris, Aimé André, 1826), t. I. Additions au *Commentaire historique*, par Wagnière, p. 55.

Mais avant de s'en aller de Ferney, les révérends Pères eurent à subir un assez plaisant jugement au tribunal de l'illustre patriarche :

« Puisque j'ai du papier de reste, écrivait-il à d'Argental le 25 février 1763, il faut que je dise à mes anges que j'ai jugé les Jésuites. Il y en avait trois chez moi, ces jours passés, avec une nombreuse compagnie. Je m'établis premier président, je leur fis prêter serment de signer les quatre propositions de 1682 [1], de déserter la doctrine du régicide, du probabilisme, de renoncer à tout privilége contraire à nos lois et d'obéir au roi plutôt qu'au pape. Ils firent serment, après quoi je prononçai :

« La Cour, sans avoir égard à tout le fatras qu'on » vient d'écrire contre vous et à toutes les sottises que » vous avez écrites depuis deux cent cinquante ans, » vous déclare innocents de tout ce que les parle- » ments disent contre vous aujourd'hui, et vous dé- » clare coupables de ce qu'ils ne disent pas; elle » vous condamne à être lapidés avec les pierres de » Port-Royal, sur le tombeau d'Arnaud.»

» Tout le monde convint que j'avais raison, et les Jésuites l'avouèrent aussi. Et vous, mes anges, qu'en pensez-vous ? »

[1] En 1682, le clergé de France consacrait par quatre célèbres articles l'ancienne domination de l'Eglise sur la puissance ecclésiastique. Le premier porte que les Rois ne sont soumis pour le temporel à aucune puissance ecclésiastique. Le deuxième, que le Concile général est supérieur au Pape suivant les décrets du Concile œcuménique de Constance. Le troisième, que l'image de la puissance ecclésiastique doit être réglé par les Canons. Le quatrième, que le jugement du Pape n'est pas infaillible.

LE PÈRE ADAM

Voltaire et le P. Adam étaient de vieilles connaissances. C'est à Colmar, en 1754, que l'auteur de *Mahomet* avait vu pour la première fois le disciple de Loyola, qui, pour unique mérite, avait celui de jouer très bien aux échecs.

« Le hasard, continue Wagnière, dans le récit que nous avons interrompu, voulut que ce Jésuite fut envoyé dans le couvent d'Ornex, à un quart de lieue de Ferney, dans le temps que M. de Voltaire fit l'acquisition de cette dernière terre. Il le prit chez lui en 1763, uniquement pour jouer aux échecs et pour s'en amuser. Mais *P. Adam*, qui, comme disait M. de Voltaire, *n'était pas le premier homme du monde*[1], était devenu à la fin d'une société si difficile et si insupportable, qu'il fut obligé de se retirer de Ferney

[1] « Adam, ce n'est pas le premier homme du monde. » — « Cette plaisanterie, tant de fois répétée, dit M. Gustave Desnoiresterres (*Voltaire et J.-J. Rousseau*, p. 271), n'était pas de Voltaire, qui n'avait d'autre mérite que celui de l'application. » Et le savant biographe de Voltaire ajoute en note : « Le père Adam est un Jésuite de Limosin qu'on a fait taire pour avoir prêché à Saint-Paul contre saint Augustin ; au sortir d'un de ces sermons, la reine-mère demanda à un homme de la cour ce qu'il en pensait ; ce seigneur répondit gentiment « que ce père l'avoit convaincu de l'opinion » des préadamistes ; la reine lui ayant demandé ce qu'il vouloit dire : c'est, dit-il, » que ce sermon m'a fait voir clairement qu'Adam n'est pas le premier homme du » monde. » *Patiana* (Paris, 1701), p. 62, 63. Sorbière nomme le courtisan, qui serait Benserade. *Sorberiana* (Tolosæ, 1694), p. 14. »

en 1776. Il jouit d'environ neuf cents livres de rente. M. de Voltaire lui faisait un legs honnête dans ses anciens testaments; mais il en a été privé dans le dernier à cause de toutes ses tracasseries. Il lui a cependant fait encore tenir, depuis sa retraite, quelques sommes d'argent dont j'ai les reçus. »

D'après une lettre datée de Ferney 16 novembre 1776, et que les *Mémoires secrets* publiaient le 6 décembre suivant, la position du P. Adam devint des plus précaires, après sa sortie du château de Voltaire.

« Malgré toutes mes recherches, écrit l'auteur de la lettre, je n'ai pu découvrir le motif du renvoi du P. Adam. Je soupçonne que c'est la suite de ses tracasseries avec les domestiques, et surtout avec la Barbara, gouvernante du vieux solitaire, avec laquelle il jase tous les matins de l'intérieur de son ménage lorsqu'elle lui porte sa chemise; car il faut que vous sachiez que c'est lui qui fait toutes les dépenses. Il n'a pas fait de pension au Jésuite et lui a donné seulement dix louis en l'expulsant. Au reste, depuis longtemps il n'était plus propre à l'amuser et M. de Voltaire avait renoncé de jouer aux échecs. Le Père Adam est retiré chez un curé du voisinage, où il ne pourra même profiter du petit bénéfice de dire la messe, son séjour chez M. de Voltaire lui ayant valu l'interdiction de la part de l'évêque d'Annecy, ce fanatique, le plus cruel ennemi du philosophe. »

Quant à Voltaire, voici en quels termes il s'exprimait sur le compte du P. Adam, alors que celui-ci faisait encore partie de sa maison :

« J'oubliais de vous dire, mandait-il au comte de Sade, dans une lettre du 12 février 1764, que nous avons chez nous un Jésuite qui nous dit la messe ; c'est une espèce d'Hébreu que j'ai recueilli dans la transmigration de Babylone ; il n'est point du tout gênant, *non tanta superbia victis*. Il joue très bien aux échecs, dit la messe fort proprement, enfin c'est un Jésuite dont un philosophe s'accommoderait. »

LA PERRUQUE DU P. ADAM

Quoi qu'en dise le correspondant des *Mémoires secrets*, dans la lettre que nous avons reproduite, tout nous porte à croire que Voltaire fut toujours plein de sollicitude pour le P. Adam ; nous en trouvons une preuve manifeste dans les négociations qu'il entama avec son collègue à l'Académie, le cardinal de Bernis, alors notre ambassadeur à Rome, dans le but d'obtenir pour son aumônier, qui était fort sujet à s'enrhumer, le droit de porter une perruque. Ecoutons-le plutôt :

«... Je ne crois pas que Clément XIV soit un Bembo, mais, puisque vous l'avez choisi, il mérite sûrement la petite place que vous lui avez donnée. Or, monseigneur, comme dans les petites places on peut faire de petites grâces, il peut m'en faire une et je vous demande votre protection ; elle ne coûtera rien, ni à Sa Sainteté, ni à votre Eminence, ni à moi ; il ne s'agit que de la permission de porter la perruque. Ce n'est pas pour mon vieux cerveau brûlé que je demande cette grâce, c'est pour un autre vieillard (ci-devant soi-disant Jésuite), ne vous en déplaise, lequel me sert d'aumônier.

» Ferney est, comme Albi [1], auprès des montagnes, mais notre hiver est incomparablement plus rude que celui d'Albi. Je vois de ma fenêtre quarante lieues de la partie des Alpes qui est couverte d'une neige éternelle. Les Russes qui sont venus chez moi m'ont avoué que la Sibérie est un climat plus doux que le mien, au mois de décembre et de janvier. Nos curés qui sont nés dans le pays peuvent supporter l'horreur de nos frimas, et quoiqu'ils soient tous des têtes à perruque, ils n'en portent cependant pas ; ils ont même fait vœu d'être chauves en disant la messe. Mon aumônier est Lorrain, il a été élevé en Bourgogne, il n'a point fait le vœu de s'enrhumer ; il est malade et sujet à de violents rhumatismes ; il priera Dieu de tout son cœur pour votre Eminence si vous voulez bien avoir la bonté d'employer l'autorité du

[1] Le cardinal de Bernis était archevêque d'Albi.

vicaire de Jésus-Christ pour couvrir le crâne de ce pauvre diable... Je ne puis avoir d'autre aumônier que lui; il est à moi depuis plus de dix ans; il me serait impossible d'en trouver un autre qui me convînt autant. Je vous aurai une très grande obligation, monseigneur, si vous daignez m'envoyer le plus tôt possible un beau bref à perruque.» (A M. le cardinal de Bernis. A Ferney, 12 juin 1769).

Mais le « beau bref à perruque n'arrivait pas.»

Voltaire, croyant tout perdu, écrit, le 30 juillet, au comte d'Argental et à sa femme :

« Mes anges, je suis un peu réprouvé. Je ne réussis à rien. J'avais entamé une petite négociation avec le pape pour une perruque et je vois que j'échouerai, mais je n'aurai pas la tête assez chaude pour me fâcher...»

Enfin on a fait droit à la requête, et Voltaire d'écrire tout aussitôt au cardinal :

Par pitié pour l'âge caduque
D'un de mes sacrés estafiers,
Vous abritez sa vieille nuque ;
Quand on est couvert de lauriers,
On peut donner une perruque.
Prêtez-moi quelque rime en *uque*
Pour orner mes vers familiers.
Nous n'avons que celle d'eunuque.
Ce mot me conviendrait assez ;
Mais ce mot est une sottise,
Et les beaux princes de l'Eglise
Pourraient s'en tenir offensés.

» Je remercie très tendrement votre Eminence de la perruque de mon pauvre aumônier, qui ne verra pas ma lettre. Mais souffrez qu'il vous rende de très humbles actions de grâces : il ne les dit jamais à sa table et j'en suis fâché. »

Et en post-scriptum :

« Vraiment, en relisant le chiffon de M. Philippolis (le secrétaire des brefs), je trouve qu'il renvoie mon aumônier à son évêque, malgré la formule du *non obstantibus contrariis*. Cet évêque est l'ennemi mortel des perruques ; il refusera net. Cela ferait un procès, ce procès ferait du bruit et produirait du ridicule. Un ex-Jésuite et moi, voilà des sujets d'épigrammes et de quoi égayer les gazetiers. On a déjà trop tympanisé ma dévotion. Je ne ferai donc rien sans un ordre de votre Eminence ; je jetterai dans le feu les perruques du P. Adam et les miennes, plutôt que de compromettre votre Eminence. » (A M. le cardinal de Bernis. A Ferney, le 3 auguste 1769.)

Le 27 septembre, le cardinal, ou si vous voulez mieux Babet la bouquetière, comme l'avait surnommé Voltaire, répondait à celui-ci :

« On ne peut rien faire de plus, mon cher collègue, pour la perruque de votre aumônier. J'espère que M. l'évêque de Genève ne sera pas plus rigoureux que celui du Saint-Siége. »

On ne sait rien de plus sur la grosse affaire de la perruque du P. Adam.

Les communions de Voltaire et ses démêlés avec l'évêque d'Annecy.

1768-1769

Au commencement de 1768, Voltaire ayant à se plaindre de l'infidélité de La Harpe, qui lui avait soustrait, pendant son séjour à Ferney, le second chant de la *Guerre civile de Genève* [1], eut à ce sujet des querelles très violentes avec sa nièce, Mme Denis, intéressée elle-même à la chose et qui avait pris avec emportement, contre son oncle, le parti du coupable. Le patriarche, excédé, cette fois, renvoya Mme Denis (mars 1768) [2] et, avec elle, son indigne protégé.

Les autres personnes logées dans le château s'apercevant, malgré l'extrême politesse de Voltaire à leur

[1] Voy. Grimm (Corresp. littéraire, t. V, p. 338, 15 avril 1768). Edit. Furne. — Corresp. inédite de Voltaire avec Henin (Paris, Merlin, 1825), p. 135, 136. Lettre de Voltaire à Henin, 1er mars 1778.

[2] Mme Denis revint à Ferney en octobre 1769.

égard, combien il avait besoin de repos et de solitude, dans l'agitation et l'inquiétude où l'avait jeté l'acte inqualifiable de l'auteur de *Warvick*, partirent les uns après les autres, si bien qu'en peu de jours le patriarche se trouva seul dans ses domaines, avec Wagnière et ses gens.

« Le dimanche d'après, pendant la messe, raconte le fidèle secrétaire, il se commit un vol dans une maison particulière. Le seigneur de Ferney fit venir chez lui la personne soupçonnée, lui fit avouer son crime et l'obligea à restituer sur-le-champ.

» Pendant la Semaine-Sainte, un moine était venu dîner au château. M. de Voltaire lui dit : « P. D***, » j'ai envie, pour le bon exemple, de faire mes pâ- » ques dimanche; je pense que vous me donnerez » bien l'absolution pour cela. — Très bien, volon- » tiers, répondit le moine, je vous la donne. » Tout fut dit : le prêtre but, mangea et s'en alla.

» Le jour de Pâques, M. de Voltaire me dit : « A » présent que je suis seul et sans embarras, je veux, » en qualité de seigneur du lieu, aller communier à » l'église, voulez-vous y venir avec moi ? J'ai envie » aussi de prêcher un peu ces coquins qui volent con- » tinuellement. » Je lui répondis que je serais fort curieux de le voir communier; mais que, quoique protestant, autant que mes connaissances pouvaient le permettre, je ne croyais pas qu'il fût en droit de parler dans l'église et que je le suppliais, avec la plus vive instance, de s'abstenir de cette démarche, que je pensais être dangereuse pour lui. Il me refusa.

» Je l'accompagnai à l'église, à la suite d'un superbe pain bénit, qu'il était dans l'usage de rendre chaque année, au jour de Pâques. Après la distribution de ce pain et après avoir communié, il commença à parler aux paroissiens du vol commis quelques jours auparavant, à leur faire des remontrances vives, éloquentes et pathétiques, à les exhorter à la vertu. Alors le curé, qui était vers la balustrade, se retourna brusquement et ne fit qu'un saut jusqu'à l'autel, avec beaucoup d'humeur, pour continuer l'office. Notre orateur s'en étant aperçu, dit encore aux auditeurs quelques mots flatteurs pour le curé et se tut.»

La nouvelle de la communion de M. de Voltaire ne tarda pas à être connue à Paris. Les *Mémoires secrets* (Mémoires de Bachaumont) en parlent en ces termes, à la date du 11 avril 1768 :

« Le bruit est général depuis quelques jours que M. de Voltaire a fait ses pâques. Il passe pour constant qu'il est arrivé ici en même temps de Ferney deux lettres de ce grand homme qui s'expliquent tout différemment là-dessus. Dans la première, écrite à M. de Choiseul, M. de Voltaire renouvelle et perpétue les désaveux si souvent faits de toutes les productions clandestines qu'on lui attribue ; elle contient une espèce de profession de foi et il déclare que, pour preuve de la vérité de ses sentiments, il a profité de la solitude et des bonnes instructions du P. Adam, pour faire un retour vers Dieu et se présenter à la Sainte table[1].

» Dans l'autre, à Mme du Deffand[2], il se plaint du public peu reconnaissant; il se désespère de voir que, malgré le sacrifice qu'il lui a fait de sa santé, de sa liberté, en consacrant sa vie à ses plaisirs et à ses amusements, il soit assez injuste pour adopter tous les bruits que ses ennemis font courir sur son compte; et qu'en dernier lieu il apprend que, pour comble de ridicule, on débite et l'on croit à Paris qu'il s'est confessé et a fait ses pâques. Il finit par ajouter qu'il n'est ni assez hypocrite pour se prêter à des actions si contraires à sa façon de penser, ni assez imbécile pour donner de bonne foi dans de pareilles puérilités. Toutes ces inconséquences sont dans le caractère de celles de M. de Voltaire et n'étonnent point ceux qui le connaissent. »

[1] La lettre au duc de Choiseul ne dit pas tout à fait cela. Elle est du 1er avril 1768. Voy. *Œuvres complètes* de Voltaire. Edit. du journal le *Siècle*, t. VIII, p. 656.

[2] On n'a point cette lettre. Mais voici ce que Mme du Deffand écrivait, le 10 avril 1768, à Voltaire, à propos de sa communion : « Vous m'avez satisfaite sur madame Denis, satisfaites-moi aujourd'hui sur un bruit qui court et que je ne saurais croire. On dit que vous vous êtes confessé et que vous avez communié ; on l'affirme comme certain. Vous devez à mon amitié cet aveu, et de me dire quels ont été vos motifs, vos pensées; comment vous vous en trouvez aujourd'hui, et si vous vous en tiendrez à la sainte table, ayant réformé la vôtre. J'ai la plus extrême curiosité de savoir la vérité sur ce fait; s'il est vrai, quel trouble vous allez mettre dans toutes les têtes, quel triomphe et quelle édification ! quelle indignation, quel scandale, et pour tous en général quel étonnement ! Ce sera, sans contredit, faire un grand bruit. » *Correspondance complète de la marquise du Deffand avec ses amis*, par M. de Lescure. (Paris, Plon, 1865), t. I, p. 477.

Les *Mémoires secrets* n'en restèrent pas là; le 1er mai de la même année, ils revenaient sur la communion de M. de Voltaire, et donnaient sur cet acte, qui scandalisait les uns et édifiait les autres, des détails les plus circonstanciés :

« Toutes les circonstances de la communion pascale de M. de Voltaire sont remarquables. Voici l'ordre et la marche de cette cérémonie : M. de Voltaire partit de chez lui, précédé de ses gens portant des hallebardes en forme de suisses. Venait après l'architecte avec le plan de l'église, espèce d'offrande que le catéchumène faisait précéder comme un acte de sa réconciliation. Il marchait ensuite, avec la figure d'un pénitent, avec la componction sur le visage, et sans doute dans le cœur. Deux gardes-chasse fermaient la marche, la baïonnette au bout du fusil. A l'entrée de l'église s'est trouvé le P. Adam, qui a fait le médiateur entre le ciel et le pécheur..... Il ne faut pas oublier les tambours et les fanfares qui célébraient le grand jour..... »

Wagnière, dans son *Examen des mémoires de Bachaumont* (p. 277, 298 du T. I des *Mémoires* de Longchamp et Wagnière, 1826), proteste contre la véracité de ce récit :

« La cérémonie burlesque qu'on se plaît à décrire, dit-il, est une grave dérision; tout cela est de la plus grande fausseté. Apparemment pour égayer les lecteurs, on a voulu parodier certaine procession du village de Pompignan, dont M. Le Franc lui-même avait donné une description emphatique, et que M. de Voltaire, à son tour, a célébrée en prose et en vers. »

Cette communion de Voltaire était un événement, et il en était bruit partout. D'Alembert écrivait, le 4 octobre 1768, à Frédéric II :

« Les Suisses ont fait un dessin de Voltaire pénitent allant à confession..... On y voit Voltaire le rosaire en main, escorté de ses gardes-chasse, suivi de son P. Adam, de sa cuisinière et de son cocher, un singe porte le crucifix devant lui, et l'âne de la *Pucelle* qu'on mène derrière lui, en faisant des pétarades, fait tomber de dessous sa queue toutes ses brochures et surtout le petit poëme contre vos amis de Genève [1]. »

Bien avant 1768, Voltaire aurait fait ses pâques à Ferney, s'il faut s'en rapporter à ce passage d'une de ses lettres à d'Argental, datée du 16 février 1761 :

« Si j'avais cent mille hommes, je sais bien ce que je ferais, mais comme je ne les ai pas, je communie-

[1] *La guerre civile de Genève, ou Les Amours de Robert Covelle* (1768). — On peut voir encore sur le sujet que traite d'Alembert dans sa lettre à Frédéric, Grimm, *Corresp. litt.*, t. VI, p. 23 et suivantes.

rai à Pâques, et vous m'appellerez hypocrite tant que vous voudrez. Oui, pardieu, je communierai avec Mme Denis et Mlle Corneille; et si vous me fâchez, je mettrai en rimes croisées le *Tantum ergo*. »

Mais revenons aux pâques d'avril 1768; voici quelques passages de la correspondance de Voltaire qui y ont trait :

« Oui, j'ai fait mes pâques; et qui plus est, j'ai rendu le pain bénit en personne; il y avait une très bonne brioche pour le curé. J'aime à remplir tous mes devoirs, je n'admets plus aucun plaisir profane; j'ai purifié les habits sacerdotaux qui avaient servi à *Sémiramis*, en les donnant à la sacristie de ma chapelle; je pourrais bien faire du théâtre une école pour les petits garçons, école dans laquelle je leur ferai apprendre l'agriculture. Après cela, je défierai hardiment les Jansénistes et les Molinistes; et si on continue de me calomnier, je mettrai ces nouvelles épreuves aux pieds de mon crucifix. Je prétends, quand je mourrai, vous charger de ma canonisation. » (*Lettre à d'Alembert*, du 27 avril 1768.)

« Mon divin ange, mes raisons pour avoir changé ma table ouverte contre la sainte table, pourront ennuyer un excommunié comme vous; mais je me crois dans la nécessité de vous le dire.

» 1° C'est un devoir que j'ai rempli avec Mme Denis une fois ou deux fois, si je m'en souviens bien.

» 2° Il n'en est pas d'un pauvre agriculteur comme de vous autres seigneurs parisiens, qui en êtes quittes pour vous aller promener aux Tuileries à midi. Il faut que je rende le pain bénit en personne dans ma paroisse; je me trouve seul de ma bande contre deux cent cinquante consciences timorées; et, quand il n'en coûte qu'une cérémonie prescrite par les lois pour les édifier, il ne faut pas s'en faire deux cent cinquante ennemis.

» 3° Je me trouve entre deux évêques, qui sont du quatorzième siècle, et il faut hurler avec ces sacrés loups.

» 4° Il faut être bien avec son curé, fût-il un imbécile ou un fripon, et il n'y a aucune précaution que je ne doive prendre, après la lettre de l'avocat Caze.

» 5° Soyez très sûr que, si je vois passer une procession de capucins, j'irai au-devant d'elle, chapeau bas, pendant la plus forte ondée.

» 6° M. Hénin, résidant à Genève, a trouvé un aumônier tout établi, il le garde par faiblesse. Ce prêtre est un des plus détestables et des plus insolents coquins qui soient dans la canaille à tonsure. Il serait l'espion de l'évêque d'Orléans, de l'évêque d'Annecy et de l'évêque de Saint-Claude. Le résident n'a pas le courage de le chasser, il faut que j'aie le courage de le faire taire.

» 7° Puisque l'on s'obstine à m'imputer les ouvrages de saint Hyacinthe, de l'ex-capucin Maubert, de l'ex-mathurin Laurent et du sieur Robinet, tous gens qui ne communient pas, je veux communier; et si j'étais dans Abbeville, je communierais tous les quinze jours.

» 8° On ne peut me reprocher d'hypocrisie, puisque je n'ai aucune prétention.

» 9° Je vous demande en grâce de brûler mes raisons, après les avoir approuvées ou damnées. J'aime beaucoup mieux être brûlé par vous qu'au pied du grand escalier..... » (*Lettre à d'Argental,* du 22 avril 1768.)

« L'abominable Jansénisme triomphe dans notre ridicule nation, et on ne détruit des rats que pour nourrir des crocodiles. A votre avis, que doivent faire les sages, quand ils sont environnés d'insensés barbares ? Il y a des temps où il faut imiter leurs contorsions et parler leur langage. *Mutemus clypeos.* Au reste, ce que j'ai fait cette année, je l'ai déjà fait plusieurs fois, et, s'il plaît à Dieu, je le ferai encore[1].

[1] Voltaire avait, en effet, fait ses pâques, en 1754, pendant son séjour à Colmar. Voici le récit qu'en a fait Collini, son secrétaire : « C'était au mois d'avril; Pâques approchait. Des espions étaient apostés pour examiner si Voltaire remplirait, dans cette fête, les devoirs imposés par l'Eglise. Ses amis de Paris étaient informés de l'épreuve par laquelle on voulait le juger, épreuve plus propre à conduire un homme à l'hypocrisie et à la profanation qu'à en faire un bon catholique. Ils lui en firent part et l'engagèrent à céder à la nécessité. Ils voyaient dans cette démarche un expédient pour rassurer les esprits et pour obtenir la permission de se rendre dans la capitale. — Voltaire me demanda un jour si je ferais mes pâques. Je lui répondis que c'était mon intention. « Eh bien, me dit-il, nous les ferons ensemble. » On prépara tout pour cette cérémonie. Un capucin vint le visiter; j'étais dans sa chambre, lorsque ce religieux arriva. Après les premiers propos, je m'éclipsai et ne revins qu'après avoir appris que le capucin était parti. Le lendemain nous allâmes ensemble à l'église, et nous communiâmes l'un à côté de l'autre. — J'avoue que je profitai d'une occasion aussi rare pour examiner la contenance de Voltaire pendant cet acte important. Dieu me pardonnera cette curiosité et ma distraction, je n'en eus pas moins de ferveur. Au moment où il allait être communié, je levai les yeux au ciel comme pour l'exaucer, et

Il y a des gens qui craignent de manier des araignées, il y en a d'autres qui les avalent. » (*Lettre à d'Alembert*, du 1er mai 1768.)

A cette lettre, d'Alembert répondait à Voltaire, d'abord le 13 mai 1768 :

« Dieu m'est témoin, mon cher maître, combien j'ai été édifié du spectacle que vous avez donné le 3 avril dernier, bon jour bonne œuvre, en rendant vous-même le pain bénit, à la grande satisfaction de la Jérusalem céleste, et principalement des *trônes*, des *dominations* et des *puissances* qui, à ce que je me suis laissé dire, en sont fort contents, d'autant plus qu'on leur a assuré que le beurre en était bon. Il faut que le tigre aux yeux de veau aime la brioche, et vous devriez bien lui en envoyer une, la première fois que vous réitérerez cette belle cérémonie; car je crois qu'il cherche à se disculper des mauvais propos qu'on lui attribue. Ne vous y fiez pas trop pourtant; car *timeo Danaos et verba ferentes*.... S'il était permis de plaisanter sur un sujet aussi grave que le pain bénit, j'aurais répondu comme Pourceaugnac à toutes les sottises que j'ai entendu dire à ce sujet : « Quel grand » raisonnement faut-il pour manger un morceau ?... »

je jetai un coup d'œil subit sur le maintien de Voltaire. Il présenta sa langue et fixait ses yeux bien ouverts sur la physionomie du prêtre. Je connaissais ces regards-là. — En rentrant, il envoya au couvent des capucins douze bouteilles de bon vin et une longe de veau. C'est à l'occasion de cette pâque que l'on se donnait, à Paris, comme nouvelle, que Voltaire venait de faire à Colmar sa première communion... » Collini, *Mon séjour auprès de Voltaire* (Paris, 1807), p. 127-128.

Adieu, mon cher maître; continuez, pour l'édification des anges, des vicaires, des bedeaux, des paysans et des laquais, à rendre le pain bénit, mais avec sobriété pourtant; car je l'ai ouï dire à un fameux médecin, les indigestions de pain bénit ne valent pas le diable. »

Puis, le 31 du même mois :

« Vous savez la rage que les dévots ont contre vous..... Avez-vous cru leur faire prendre le change par le parti que vous avez pris? La plupart font leurs pâques sans y croire; ils ne vous croient point certainement plus imbéciles qu'eux, et ne regardent les vôtres que comme un scandale de plus; c'est ainsi qu'ils s'en expliquent. Ils sont fâchés que le roi ne fasse pas les siennes; mais c'est parce qu'ils espèrent qu'il les fera un jour de bonne foi : et que lui diront-ils alors de l'espèce de profanation qu'ils vous attribuent? J'ai donc bien peur, mon cher ami, que vous n'ayez rien gagné à cette comédie peut-être dangereuse pour vous. On dit que l'évêque d'Annecy a écrit, à ce sujet, une lettre insolente et fanatique; si cet évêque n'était pas un polisson de Savoyard, il vous aurait fait peut-être beaucoup de mal. Quoi qu'il en soit, croyez, mon cher maître, encore une fois, que l'amitié seule m'engage à vous dire ce que je pense sur cet article; que je n'en ai parlé aussi franchement qu'à vous seul; et que je ne tiens pas le même discours aux indifférents. Quand vous feriez vos pâques tous les jours, je ne vous en serais pas moins attaché comme au soutien de la philosophie et à l'honneur des lettres... »

Reprenons maintenant les extraits de la correspondance de Voltaire :

« Le roi m'a fait écrire, par M. de Saint-Florentin, qu'il était très mécontent que j'eusse monté en chaire dans ma paroisse, et que j'eusse prêché le jour de Pâques. Qui fut étonné ? ce fut le révérend père Voltaire. J'étais malade ; j'envoyai la lettre à mon curé, qui fut aussi étonné que moi de cette ridicule calomnie qui avait été aux oreilles du roi. Il donna sur-le-champ un certificat qui atteste qu'en rendant le pain bénit, selon ma coutume, le jour de Pâques, je l'avertis et tous ceux qui étaient dans le sanctuaire, qu'il fallait prier tous les dimanches pour la santé de la reine, dont on ignorait la maladie dans mes déserts ; et que je dis aussi un mot touchant un vol qui venait de se commettre pendant le service divin. La même chose a été certifiée par l'aumônier du château et par un notaire, au nom de la communauté. J'ai envoyé le tout à M. de Saint-Florentin, en le conjurant de le montrer au roi, et ne doutant pas qu'il remplisse ce devoir de sa place et de l'humanité. — J'ai le malheur d'être un homme public, quoique enseveli dans le fond de ma retraite. Il y a longtemps que je suis accoutumé aux plaisanteries et aux impostures. Il est plaisant qu'un devoir, que j'ai très souvent rempli, ait fait tant de bruit à Paris et à Versailles. Mme Denis doit se souvenir qu'elle a communié avec moi à Ferney, et qu'elle m'a vu communier à Colmar. Je dois cet exemple à mon village que j'ai augmenté des trois-quarts. Je le dois à la province entière, qui s'est empressée de me donner des attestations auxquelles la calomnie ne peut répondre..... » (*Lettre au maréchal duc de Richelieu*, à Ferney, 20 juin 1768.)

« Je ne suis pas revenu de ma surprise, quand on m'a appris que ce fanatique imbécille d'évêque d'Annecy, soi-disant évêque de Genève, fils d'un très mauvais maçon, avait envoyé au roi ses lettres et mes réponses. Je ne sais si vous savez que cet animal-là a encore sur sa friperie un décret de prise de corps du parlement de Paris, qu'il s'attira quand il était porte-Dieu à la Sainte-Chapelle basse. En tous cas, je suis très bien avec mon curé, j'édifie mon peuple ; tout le monde est content de moi, hors les filles... » (*Lettre au comte d'Argental*, 27 juillet 1768.)

Annecy avait à cette époque pour évêque un prêtre du nom de Biord, ex-vicaire d'une paroisse de Paris, et que ses démêlés avec le parlement obligèrent de quitter cette ville. On lui fit savoir que Voltaire était monté en chaire, et y avait prononcé un long discours sur le vol. Le prélat, indigné d'une telle conduite, et suspectant d'ailleurs la sincérité des sentiments religieux de l'audacieux prédicateur, lui écrivit, le 11 avril 1768, la lettre suivante :

LETTRE DE L'ÉVÊQUE D'ANNECY

« Monsieur, on dit que vous avez fait vos pâques : bien des personnes n'en sont rien moins qu'édifiées, parce qu'elles s'imaginent que c'est une nouvelle scène que vous avez voulu donner au public, en vous jouant encore de ce que la religion a de plus sacré. Pour moi, Monsieur, qui pense plus charitablement, je ne saurais me persuader que M. de Voltaire, ce grand homme de notre siècle, qui s'est toujours annoncé comme élevé par les efforts d'une raison épurée et par les principes d'une philosophie sublime au-dessus des respects humains, des préjugés et des faiblesses de l'humanité, eût été capable de trahir et de dissimuler ses sentiments par un acte d'hypocrisie qui suffirait seul pour ternir toute sa gloire, et pour l'avilir aux yeux de toutes les personnes qui pensent. J'ai dû croire que la sincérité avait toujours fait le caractère de vos démarches. Vous vous êtes confessé, vous avez même communié ; vous l'avez donc fait de bonne foi, vous l'avez fait en vrai chrétien ; vous l'avez fait, persuadé de ce que la foi nous dicte par rapport au sacrement que vous avez reçu. Les incrédules ne pourront donc plus se glorifier de vous voir marcher à leur tête, portant l'étendart de l'incrédulité ; le public ne sera plus autorisé à vous regarder comme le plus grand ennemi de la religion chrétienne, de l'Eglise catholique et de ses ministres. S'il ne peut, malgré les protestations contraires insérées de votre part en certaines gazettes, se persuader que vous ne soyez pas l'auteur d'une foule d'écrits, de brochures et d'ouvrages remplis d'impiété, qui ont déjà occasionné tant de désordres dans la société, tant de déréglements dans les mœurs, tant de profanations dans le sanctuaire : il croira au moins que, revenu à vous-même, vous avez enfin résolu de ne plus mettre au jour de semblables productions, et que, par un acte aussi éclatant que celui que vous avez fait dans l'église de votre paroisse, le jour de Pâques, vous avez voulu rendre un hommage public à la religion qui vous a vu naître dans son sein, et à qui des talents aussi distingués que les vôtres auraient été infiniment utiles, si vous les lui aviez consacrés. Il espèrera encore qu'en soutenant ce premier acte par des sentiments et par une conduite uniformes, et qu'en perfectionnant l'ouvrage d'une conversion ébauchée, vous ne laisserez plus aux gens de bien, amateurs de la religion, que le juste sujet de rendre grâces à Dieu, et de le bénir d'un retour qui mettra le comble à leur joie et à leur consolation.

» Si le jour de votre communion on vous avait vu, non pas vous ingérer à prêcher le peuple dans l'église sur le vol et les larcins, ce qui a fort scandalisé tous les assistants, mais lui annoncer, comme un autre

Théodose, par vos soupirs, vos gémissements et vos larmes, la pureté de votre foi, la sincérité de votre repentir et le désaveu de tous les sujets de mésédification qu'il a cru entrevoir par le passé dans votre façon de penser et d'agir, alors personne n'aurait plus été dans le cas de regarder comme équivoques vos démonstrations apparentes de religion. On vous aurait cru mieux disposé à approcher de cette table sainte où la foi ne permet, aux âmes même les plus pures, de ne se présenter qu'avec une religieuse frayeur; on aurait été plus édifié de vous y voir, et peut-être auriez-vous tiré plus d'avantages de vous y être présenté.

» Mais, quoi qu'il en soit du passé, que je dois laisser au jugement du souverain scrutateur des cœurs et des consciences, ce seront les fruits qui feront juger de la qualité de l'arbre; et j'espère, par ce que vous ferez à l'avenir, que vous ne laisserez aucun lieu de douter de la droiture et de la sincérité de ce que vous avez déjà fait. Je me le persuade d'autant plus facilement que je le souhaite avec plus d'ardeur, n'ayant rien plus à cœur que votre salut, et ne pouvant oublier qu'en qualité de votre pasteur, je dois rendre compte à Dieu de votre âme, comme de toutes celles du troupeau qui m'a été confié par la divine Providence.

» Je ne vous dirai pas, Monsieur, combien j'ai déjà gémi sur votre état, ni combien j'ai déjà offert de prières et de supplications au Dieu des miséricordes, pour qu'il daignât enfin vous éclairer de ces lumières célestes qui font aimer et suivre la vérité, en même temps qu'ils la font connaître : je me bornerai simplement à vous faire remarquer que le temps presse, et qu'il vous importe de ne point perdre aucun de ces moments précieux que vous pouvez encore employer utilement pour l'éternité.

» Un corps exténué, et déjà abattu sous le poids des années, vous avertit que vous approchez du terme où sont allés aboutir tous ces hommes fameux qui vous ont précédé, et dont à peine reste-t-il aujourd'hui la mémoire. En se laissant éblouir par le faux éclat d'une gloire aussi frivole que fugitive, la plupart d'entre eux ont perdu de vue les biens et la gloire immortelle plus dignes de fixer leurs désirs et leurs empressements. Fasse le ciel que, plus sage et plus prudent qu'eux, vous ne vous occupiez plus à l'avenir que de la recherche de ce bonheur souverain qui peut seul remplir le vide d'un cœur qui ne trouve rien ici-bas qui puisse le contenter !

» C'est ce que je ne cesserai de demander au Seigneur par mes vœux les plus ardents : et je le dois au vif intérêt que je prends à tout ce qui vous regarde, au zèle dont je suis animé pour votre salut, et aux sentiments respectueux avec lesquels j'ai l'honneur d'être, etc. »

RÉPONSE DE VOLTAIRE

A M. l'Evêque d'Annecy.

A Ferney, 15 avril.

« Monsieur, j'aurais dû répondre sur-le-champ à la lettre dont vous m'avez honoré, si mes maladies me l'avaient permis.

» Cette lettre me cause beaucoup de satisfaction, mais elle m'a un peu étonné. Comment pouvez-vous me savoir gré de remplir des devoirs dont tout seigneur doit donner l'exemple dans ses terres, dont aucun chrétien ne doit se dispenser, et que j'ai si souvent remplis? Ce n'est pas assez d'arracher ses vassaux aux horreurs de la pauvreté, d'encourager leurs mariages, de contribuer, autant qu'on le peut, à leur bonheur temporel, il faut encore les édifier; et il serait bien extraordinaire qu'un seigneur de paroisse ne fit pas, dans l'église qu'il a bâtie, ce que font tous les prétendus réformés dans leurs temples, à leur manière.

» Je ne mérite pas assurément les compliments que vous voulez bien me faire, de même que je n'ai jamais mérité les calomnies des insectes de la littérature, qui sont méprisés de tous les honnêtes gens, et qui doivent être ignorés d'un homme de votre caractère. Je dois mépriser les impostures, sans pourtant haïr les imposteurs. Plus on avance en âge, plus il faut écarter de son cœur tout ce qui pourrait l'aigrir; et le meilleur parti qu'on puisse prendre contre la calomnie, c'est de l'oublier. Chaque homme doit des sacrifices, chaque homme sait que tous les petits incidents qui peuvent troubler cette vie passagère, se perdent dans l'éternité; et que la résignation à Dieu, l'amour de son prochain, la justice, la bienfaisance, sont les seules choses qui nous restent devant le Créateur des temps et de tous les êtres. Sans cette vertu que Cicéron appelle *caritas generis humani,* l'homme n'est que l'ennemi de l'homme, il n'est que l'esclave de l'amour-propre, des vaines grandeurs, des distinctions frivoles, de l'orgueil, de l'avarice et de toutes les passions. Mais s'il fait le bien pour l'amour du bien même, si ce devoir (épuré et consacré par le Christianisme) domine dans son cœur, il peut espérer que Dieu, devant qui tous les hommes sont égaux, ne rejettera pas des sentiments dont il est la source éternelle. Je m'anéantis avec vous devant lui, et n'oubliant pas les formules introduites chez les hommes, j'ai l'honneur d'être avec respect, etc. »

» *P.-S.* — Vous êtes trop instruit pour ignorer qu'en France un seigneur de paroisse doit, en rendant le pain bénit, instruire ses vassaux d'un vol commis dans ce temps-là même avec effraction, et y pourvoir incontinent, de même qu'il doit avertir si le feu prend à quelques maisons du village, et faire venir de l'eau. Ce sont des affaires de police qui sont de son ressort [1]. »

« Le prélat, dit Wagnière, envoya ses lettres et les réponses au roi de France, par le canal de M. de la Vrillière, avec prière de faire donner une lettre de cachet contre le dit sieur de Ferney. On rit à Versailles de cette démarche, et M. le duc de la Vrillière renvoya le tout à M. de Voltaire, en lui faisant part de la demande du doux prêtre.

» L'évêque, outré et au désespoir de n'avoir pu réussir, fit alors défendre à tout curé, prêtre, moine, etc., de son diocèse, de confesser, d'absoudre et de communier le seigneur de Ferney, sous peine d'interdiction. »

« Dans la semaine de Pâques 1769, M. de Voltaire, me dictant de son lit, vit dans son jardin quelqu'un qui se promenait ; il me demanda qui c'était. Je lui répondis que c'était le curé de Ferney, avec un capucin de Gex, qui était venu pour l'aider à confesser ses habitants.

[1] On lit dans le t. IV, p. 339, des *Memoires de Bachaumont* : « Dans le cinquième volume de l'*Evangile du jour*, imprimé soi-disant à Londres, 1769, on trouve une correspondance entre l'évêque d'Annecy et M. de Voltaire, qui donne la clef de la conduite de ce dernier depuis deux ans, et jette un grand jour sur les deux farces qu'il a jouées à Pâques successivement. Rien n'est plus plaisant que cette correspondance, et que l'assaut de persiflage que se livrent tour à tour l'ouaille et le pasteur... On est fâché que l'éditeur n'ait pas conservé dans ce volume une estampe qu'on voyait à la tête d'une édition des lettres et profession de foi en question. Cette caricature représente M. de Voltaire en buste, la figure enflammée comme celle d'un séraphin, les yeux tournés vers un Christ en l'air, et qui regarde amoureusement ce pécheur converti, et semble le pénétrer de tous les rayons émanés de la gloire qui l'environne. »

« Est-il vrai, me dit-il alors, que l'évêque d'Annecy » a défendu de me confesser et de me donner la com- » munion ? » Je lui répondis que oui. « Eh bien, me » dit-il, puisqu'il en est ainsi, j'ai envie de me con- » fesser et de communier malgré lui. Je veux même » ne point aller à l'église, mais que tout se passe » dans ma chambre et dans mon lit, pour sa plus » grande satisfaction. Cela pourra être fort plaisant » et nous verrons qui, de l'évêque ou moi, l'empor- » tera. Allez me chercher ce capucin. Avez-vous de » l'argent sur vous ? » — Oui. — « Mettez-moi un écu » neuf sur ma table de nuit, afin que mon compa- » gnon puisse le voir. »

» J'obéis et allai ensuite chercher le capucin, qui vint avec moi et je l'introduisis. M. de Voltaire lui dit : « Mon père, voici le saint temps de Pâques. Je vou- » drais, dans cette circonstance, remplir aussi mes » devoirs de Français, d'officier du roi et de seigneur » de paroisse ; mais je suis trop malade pour me » transporter à l'église et je vous prie de m'entendre » ici. » Il mit alors l'écu de six francs dans la main du capucin, qui fut frappé comme d'un coup de foudre de la proposition inattendue qu'on venait de lui faire. Cependant il s'excusa en disant *qu'il y avait dans ce moment plusieurs personnes dans l'église qui l'attendaient, mais que dans trois jours il reviendrait ; qu'il priait le bon Dieu de le maintenir dans ces bonnes et saintes dispositions ;* le tout en tremblant comme une feuille, et il sortit.

» J'étais pendant ce temps resté à la porte de la chambre, que j'avais laissée entr'ouverte. Après le départ du capucin, je rentrai auprès de M. de Voltaire et je lui dis en riant : « Vous n'avez donc pas pu » arranger vos petites affaires ? — Non, pardieu ! me » répondit-il, le drôle s'en est allé sitôt qu'il a eu mes » six francs, en me promettant de venir m'expédier » dans trois jours, ce qu'il ne fera sûrement pas ; » mais laissez-moi faire. »

» Pendant ces trois jours, il ne sortit point de son lit et le capucin ne revint pas. M. de Voltaire envoya alors chercher le nommé Bugos, espèce de chirurgien, et se fit tâter le pouls. Bugos lui dit qu'il le trouvait excellent. « Comment, mordieu ! ignorant que » vous êtes, reprit M. de Voltaire avec sa voix de » tonnerre, vous trouvez mon pouls bon ! — Ah ! » Monsieur, permettez que je le retâte... Vous avez » beaucoup de fièvre, » dit alors le pauvre diable de chirurgien assez épouvanté. — « Pardieu, je le sa- » vais bien que j'en avais ; il y a trois jours que je » suis dans ce cruel état. Allez le dire au curé, il doit » savoir ce qu'il y a à faire auprès d'un malade qui, » depuis plus de trois jours, a une fièvre aussi vio- » lente et qui est en danger de mort. »

» Nous attendîmes encore six jours inutilement le capucin, et chaque jour le chirurgien allait de la part de M. de Voltaire avertir M. le curé de la situation critique où se trouvaient l'âme et le corps du soi-disant malade. Enfin, dans une belle nuit, il fit lever tous ses domestiques à une heure du matin et nous envoya tous ensemble chez le curé pour l'avertir sérieusement du danger où était notre maître, qui ne voulait pas mourir sans les secours d'usage en pareil cas. Je lui portai même la déclaration qu'on va lire, signée de M. de Voltaire, du sieur Bigex et de moi, et à laquelle était joint un certificat du chirurgien.

» *Déclaration remise à M. le curé de Ferney,*

» *le 30 mars 1769.*

» François-Marie de Voltaire, gentilhomme ordi-
» naire de la chambre du roi, seigneur de Ferney,
» Tourney, etc., âgé de soixante-quinze ans passés,
» étant d'une constitution très faible, s'étant traîné à
» l'église le saint jour du dimanche des Rameaux,
» malgré ses maladies, et ayant depuis ce jour essuyé
» plusieurs accès d'une fièvre violente, dont le sieur
» Bugos, chirurgien, a averti M. le curé de Ferney,
» selon les lois du royaume, et le dit malade se trou-
» vant dans l'incapacité totale d'aller se confesser et
» communier à l'église, pour l'édification de ses vas-
» saux, comme il le doit et le désire, et pour celle des
» protestants, dont ce pays est entouré, prie M. le
» curé de Ferney de faire, en cette occasion, tout ce
» que les ordonnances du roi et les arrêts du parle-
» ment commandent, conjointement avec les canons

» de l'Eglise catholique, professé dans le royaume; » religion dans laquelle le dit malade est né, a vécu » et veut mourir, et dont il veut remplir tous les de- » voirs, ainsi que ceux de sujet du roi; offrant de » faire toutes les déclarations nécessaires, toutes les » protestations requises, soit publiques, soit particu- » lières, se soumettant pleinement à ce qui est de » règle, ne voulant omettre aucun de ses devoirs, » quels qu'ils puissent être; invitant M. le curé de » Ferney à remplir les siens avec la plus grande exac- » titude, tant pour l'édification des catholiques que » des protestants qui sont dans la maison du dit ma- » lade. La présente, signée de sa main et de deux té- » moins, dont copie restée au château, signée aussi » du malade et des deux mêmes témoins; l'original » et une autre copie laissés entre les mains de mon » dit sieur curé de Ferney, par les deux témoins sous- » signés, sauf à les rendre authentiques par main de » notaire, si besoin est. Le trente mars mil sept cent » soixante-neuf, à dix heures du matin. » Signé : VOLTAIRE. Et au-dessous, BIGEX, WAGNIÈRE, *témoins*.

» Cependant, je craignais beaucoup que M. de Voltaire, à force de vouloir être malade, ne le devint enfin réellement. Malgré toutes ces démarches et tous ces avertissements, le curé ne voulait point venir auprès du malade et le capucin n'arrivait pas. Alors on envoya chercher un homme de loi, qui alla de la part du prétendu moribond dire au curé qu'il serait enfin obligé de le dénoncer au parlement pour refus de sacrement; que s'il s'obstinait à ne vouloir pas se rendre à l'invitation qui lui était faite, il pourrait bien finir par être mis en prison et peut-être puni plus rigoureusement. Ce pauvre curé fut saisi d'une si grande frayeur, à l'alternative de l'interdiction ou de la prison, qu'il lui prit sur-le-champ une colique violente dont il est mort quelques mois après...

» Le 31 mars, M. de Voltaire fit cette autre déclaration par devant notaire :

« Et depuis, au château de Ferney, le 31 mars,
» après midi, l'an 1769, par devant moi, notaire sous-
» signé, est comparu messire François-Marie de Vol-
» taire, gentilhomme ordinaire de la chambre du roi,
» seigneur de Ferney, Tourney, Pregny et Cham-
» beisi, demeurant en son dit château, lequel a dé-
» claré que le nommé Nonotte, ci-devant soi-disant
» jésuite, et le nommé Guyon, soi-disant abbé, ayant
» fait contre lui des libelles, aussi insipides que ca-
» lomnieux, dans lesquels ils accusent le dit messire
» de Voltaire d'avoir manqué de respect pour la reli-
» gion catholique, il doit à la vérité, à son honneur,
» à sa piété, de déclarer que jamais il n'a cessé de res-
» pecter et de pratiquer la religion catholique professée
» dans le royaume ; qu'il pardonne à ses calomnia-
» teurs; que si jamais il lui était échappé quelque in-
» discrétion préjudiciable à la religion de l'Etat, il en
» demandait pardon à Dieu et à l'Etat, et qu'il a vécu

» et veut mourir dans l'observance de toutes les lois » du royaume et dans la religion catholique, étroite- » ment unie à ses lois. Fait et prononcé au dit châ- » teau, les dits jour, mois et an que dessus, en pré- » sence du révérend sieur Antoine Adam, prêtre, ci- » devant soi-disant jésuite, et de sieur Siméon Bigex, » bourgeois, de sieur Claude-Etienne Maugié, or- » fèvre-bijoutier, et de Pierre Larchevêque, syndic, » tous demeurant au dit Ferney, témoins requis. » Signé : VOLTAIRE, et plus bas, RAFFO, notaire, avec paraphe.

» Le curé fit alors avertir le capucin qu'il fallait absolument venir et il arriva enfin le premier avril. Dans tout cet intervalle, le père Joseph et le curé avaient dépêché un exprès à l'évêque pour avoir ses instructions et ordres sur la demande du seigneur de Ferney, en cas qu'il persistât dans sa résolution, et ces ordres étaient arrivés au capucin.

» Le bon père, ne voyant plus d'obstacle de ce côté, et consentant de se rendre à l'invitation qui lui avait été faite, fut introduit par moi dans la chambre du soi-disant malade. J'en laissai la porte un peu ouverte et me tins dans le cabinet contigu.

» Le capucin était à moitié mort de crainte. M. de Voltaire commença par lui dire : « Mon père, je ne me » souviens pas trop bien de mon *Confiteor*, dans l'état » où je suis; dites-le moi, ainsi que le *Credo*, et je » le répèterai après vous. » Ce qu'ils firent, mais d'une manière à pouffer de rire; car c'était un salmigondis du *Pater*, du *Credo*, du *Confiteor* et des différents symboles, à qui ni lui, ni moi, ni le capucin, nous n'entendions rien. Celui-ci était trop troublé pour y faire attention. Ensuite le malade lui dit : « Ecoutez, je ne » vais pas à la messe aussi souvent qu'on le doit, » mais ce sont mes souffrances continuelles qui m'en » empêchent. J'adore Dieu dans ma chambre. Je ne » fais de mal à personne et je tâche de faire autant » de bien qu'il m'est possible, j'en prends Dieu à » témoin, mes paroissiens, mes domestiques et les » habitants de la province ; ainsi je vous prie de me » donner l'absolution.» — « Mais on dit, reprit le » confesseur, que vous avez fait de mauvais livres » contre le bon Dieu, la Sainte Vierge et les prêtres ; » pour moi je n'en sais rien que par ouï-dire ; je vous » serai donc obligé de signer seulement ce petit pa» pier, qui n'est qu'une simple profession de foi.» Il tira alors de sa manche la profession de foi telle que l'évêque la lui avait envoyée.

» Le confessé lui répondit : « Mon père, ne venons» nous pas de réciter le Symbole des Apôtres qui con» tient tout ? Nous devons, en qualité de bons catho» liques, nous y tenir, sans quoi on pourrait avec » raison nous accuser, vous et moi, d'innovation, et » ce ne serait pas une plaisanterie, comme vous le » savez bien. » Pendant un demi quart-d'heure le capucin, par intervalle, présenta la profession de foi à signer, et M. de Voltaire, sans vouloir jamais la regarder, lui répondit toujours qu'il s'en tenait au Symbole qu'il venait de réciter.

» A la fin le pénitent se mit à faire à son confesseur, avec vivacité et avec la plus grande éloquence, une longue remontrance très touchante, très patriotique, sur la calomnie, sur la morale et sur la tolérance que tous les hommes doivent avoir les uns pour les autres. Le confesseur à chaque phrase, à chaque période, plus mort qu'en vie, les larmes aux yeux, avançait toujours la profession de foi pour la faire signer, mais inutilement. Le pénitent ayant joui longtemps de la détresse de son confesseur, lui dit enfin brusquement : « Donnez-moi l'absolution tout à l'heure ! » Le capucien tout interdit, et ne sachant réellement que lui répondre, prononça l'*absolvo,* et remit son papier dans sa manche.

» Alors M. de Voltaire, sachant que le curé remplissait encore toutes ses fonctions (car il n'était tourmenté de sa colique que par intervalles), exigea qu'il vînt sur-le-champ lui apporter la communion. Le curé arriva avec quelques personnes, qui accompagnaient le Saint-Sacrement. J'avais fait venir, de la part du confessé, le notaire Raffo. Dès l'instant que le curé eut donné l'hostie à M. de Voltaire, celui-ci, élevant la voix, prononça ces paroles : « Ayant mon » Dieu dans ma bouche, je déclare que je pardonne » sincèrement à ceux qui ont écrit au roi des calom- » nies contre moi, et qui n'ont pas réussi dans leurs » mauvais desseins; et je demande acte de ma décla-

» ration à Raffo, notaire. » Raffo l'écrivit sur-le-champ devant le curé et tous les assistants qui étaient entrés dans la chambre du malade; après quoi chacun se retira.

» A peine tout le monde était-il sorti du château, que M. de Voltaire, auprès de qui j'étais resté seul, me dit, en sautant lestement hors de son lit (d'où il semblait ne pouvoir bouger) : « J'ai eu une grande » peine avec ce drôle de capucin, mais cela ne laisse » pas que d'amuser et de faire du bien. Allons faire » un tour dans le jardin. Je vous avais bien dit que je » serais confessé et communié dans mon lit, malgré » Mgr Biord. »

» Dès que le curé fut de retour chez lui avec le confesseur, il lui demanda avec empressement si le pénitent avait signé le papier de Monseigneur ? Le capucin, encore tout tremblant et tout ému de l'éloquent discours du malade, répondit que non : « Eh ! » mon Dieu, nous voilà perdus auprès de Monseigneur ! Que faire ? Que devenir ? Que dirons-nous, » père Joseph ? — Hélas ! Je n'en sais rien. — Ni moi » non plus. — C'est un étrange homme que ce M. » de Voltaire, je n'ai jamais pu lui faire entendre raison sur le papier de Monseigneur, et je n'ai pu » absolument tirer de lui que le *Confiteor*, le *Credo* et » un terrible sermon qu'il m'a débité, et dont vous » me voyez encore tout épouvanté. — Ciel ! que va » dire Monseigneur ? »

» Enfin ces deux hommes cherchèrent pendant quinze jours un moyen de se tirer d'embarras auprès de l'évêque et d'éviter l'interdiction. Ils ne purent rien trouver de mieux que cet expédient. Ils firent venir, le 15 avril, sept témoins à qui ils persuadèrent d'attester par serment, devant le notaire Raffo, avoir été présents et avoir entendu prononcer à M. de Voltaire, avant de communier, la profession de foi très orthodoxe que nous allons transcrire, et que le tout était pour la plus grande gloire de Dieu et l'édification des fidèles.

PROFESSION DE FOI (supposée) DE M. DE VOLTAIRE

« L'an 1769, le 15 avril, par devant moi Claude » Raffo, notaire royal au bailliage de Gex, résidant à » Ferney, soussigné, et en présence des témoins ci- » après nommés, ont comparu : révérend sieur Pierre » Gros, prêtre et curé du dit Ferney; Pierre Larche- » vèque, syndic du dit Ferney ; Claude-Etienne Mau- » gié, orfèvre-bijoutier; Jean-Baptiste-Antoine Guil- » haume; Louis Bugros, chirurgien, aggrégé à l'aca- » démie royale de Montpellier, juré en ce dit pays de » Gex; révérend père Claude-Joseph, prêtre et capu- » cin du couvent de Gex; Pierre Jacquin, maître d'é- » cole, demeurant au dit Ferney, etc. Lesquels ont

» déclaré avoir été présents lorsque M. François-
» Marie Arouet de Voltaire, gentilhomme ordinaire
» de la chambre du roi, et l'un des quarante de l'A-
» cadémie française, seigneur de Ferney, a fait la con-
» fession de foi suivante, le 1er avril de la dite année,
» sur les dix heures du matin, avant de recevoir le
» viatique du dit sieur curé de Ferney :

» Je crois fermement tout ce que l'Eglise catholi-
» que, apostolique et romaine croit et confesse. Je crois
» en un seul Dieu en trois personnes, Père, Fils et
» Saint-Esprit, réellement distinguées, ayant la même
» nature, la même divinité et la même puissance; que
» la seconde personne s'est faite homme; qu'elle
» s'appelle *Jésus-Christ*, mort pour le salut des hom-
» mes; qu'il a établi la sainte Eglise, à laquelle il
» appartient de juger du véritable sens des Ecritures.
» Je condamne aussi toutes les hérésies que la même
» Eglise a condamnées et rejetées, ainsi que toutes les
» interprétations et mauvais sens que l'on y peut don-
» ner. C'est cette foi véritable et catholique, hors de
» laquelle on ne peut être sauvé, que je professe, que
» je reconnais seule véritable; je jure, je promets,
» m'engage de la professer et de mourir dans cette
» croyance, moyennant la grâce de Dieu.

» Je crois aussi d'une foi ferme, et je confesse tous
» et un chacun des articles contenus dans le Symbole
» des Apôtres que j'ai récité en latin fort distincte-
» ment. Je déclare de plus que j'ai fait cette même

» confession de foi entre les mains du révérend père
» Joseph, capucin, avant de me confesser. »

« Telle est l'audition des dits comparants, qu'ils » ont confirmée par serment véritable, et de laquelle » ils m'ont demandé acte, que je leur ai octroyé, » pour servir à ce que de raison. Fait et passé » dans le presbytère, au dit Ferney, en présence » de Bernard Jacques, manœuvre, et de Isaac Lache- » vêque, ancien syndic, demeurant au dit Ferney, » témoins requis et illettrés, de ce enquis. Les dits » comparants ont signé. Signé : Gros curé; Claude- » Joseph, capucin; Pierre Larchevêque, syndic actuel; » Claude-Etienne Maugié, Pierre Jacquin, Bugros, » chirurgien. Contrôlé à Gex, le 15 avril 1769, reçu » 21 sols. Signé de La Chaut.

» Je soussigné Claude Raffo, notaire royal au bail- » liage de Gex, résidant à Ferney, déclare et certifie » avoir extrait et collationné mot à mot sur leurs ori- » ginaux les actes ci-dessus à moi exhibés, par M. de » Voltaire : le tout fait à sa réquisition. Le 15 avril » 1769. Signé Raffo, avec paraphe. »

« Tout cela était controuvé. Le capucin et le curé envoyèrent à l'évêque cette confession de foi contrôlée et légalisée.

» Quelque temps après, on fit imprimer toutes les pièces par ordre de Monseigneur d'Annecy. J'en avertis M. de Voltaire, qui me répondit : « Je ne veux » pas faire pendre huit ou neuf personnes, quoiqu'el-

» les aient fabriqué un acte ridicule et de la plus » grande fausseté; je me borne à les plaindre. Si des » prêtres dans ce siècle ont été capables d'une telle » infamie, jugez ce qu'ils ont pu faire dans des temps » d'ignorance et de barbarie! »

« Il fit venir les soi-disant témoins qui avaient signé, quoiqu'ils ne fussent pas entrés chez lui, et il leur représenta combien leur conduite avait été criminelle. Ils le supplièrent de leur pardonner, en lui donnant une déclaration de la manière dont ils avaient été séduits. Dans le fond, ils ne s'étaient prêtés à tout que dans la persuasion où ils étaient que leur démarche pouvait être utile à lui-même, autant qu'elle était nécessaire aux deux ecclésiastiques, qui ne se voyaient en grand danger que pour avoir souscrit à ses volontés. Aussi M. de Voltaire n'eut-il pas grande peine à leur pardonner à tous. »

Nous compléterons le récit de Wagnière par de nouveaux extraits de la correspondance de Voltaire :

» J'ai eu douze accès de fièvre. J'ai été sur le point de mourir..... Il a fallu passer par les cérémonies ordinaires. Vous savez que je ne les crains pas, quoique je ne les aime point du tout; mais il faut remplir ses devoirs de citoyen. (*Lettre à La Harpe*, 17 avril 1769.)

» Eh bien, Madame, je suis plus honnête que vous; vous ne voulez pas me dire avec qui vous soupez, et moi je vous avoue avec qui je déjeune. Vous voilà bien ébauhis, Messieurs les Parisiens! la bonne compagnie chez vous ne déjeune pas, parce qu'elle a trop soupé; mais moi je suis dans un pays où les médecins sont Italiens, et où ils veulent absolument qu'on mange un crouton à certains jours. Il faut même que les apothicaires donnent des certificats en faveur des estomacs qu'on soupçonne d'être malades. Le médecin du canton que j'habite est un ignorant de très mauvaise humeur, qui s'est imaginé que je faisais très peu de cas de ses ordonnances.

» Vous ignorez, peut-être, Madame, qu'il écrivit contre moi au roi, l'année passée, et qu'il m'accusa de vouloir mourir comme Molière, en me moquant de la médecine; cela même amusa fort le Conseil. Vous ne savez pas, sans doute, qu'un soi-disant ci-devant Jésuite franc-comtois, nommé Nonotte, qui est encore plus mauvais médecin, me déféra, il y a quelques mois, à Rezzonico (le pape Clément XIII), premier médecin de Rome, tandis que l'autre me poursuivait auprès du roi, et que Rezzonico envoya à l'ex-Jésuite, nommé Nonotte, résidant à Besançon, un bref dans lequel je suis atteint et convaincu de plus d'une maladie incurable. Il est vrai que ce bref n'est pas tout à fait aussi violent que celui dont on a affublé le duc de Parme; mais enfin je suis menacé de mort subite. Vous savez que je n'ai pas deux cent mille hommes à mon service, et que je suis quelquefois un peu goguenard. J'ai donc pris le parti de rire de la médecine avec le plus profond respect, et de déjeuner comme les autres avec des attestations d'apothicaires.

» Sérieusement parlant, il y a eu à cette occasion des friponneries de la faculté si singulières que je ne puis vous les mander, pour ne pas perdre de pauvres diables qui, sans m'en rien dire, se sont saintement parjurés pour me rendre service. Je suis un vieux malade dans une position très délicate, il n'y a point de lavement et de pilules que je ne prenne tous les mois, pour que la faculté me laisse vivre et mourir en paix.

» N'avez-vous jamais entendu parler d'un nommé Le Bret, trésorier de la marine, que j'ai fort connu, et qui, en voyageant, se faisait donner l'extrême-onction dans tous les cabarets ? J'en ferai autant quand on voudra.

» Oui, j'ai déclaré que je déjeunais à la manière de mon pays ; mais si vous étiez Turc, m'a-t-on dit, vous déjeuneriez donc à la façon des Turcs ? Oui, Messieurs...

» Vous saurez, Madame, qu'il y a une trentaine de cuisiniers répandus dans l'Europe, qui, depuis quelques années, font des petits pâtés dont tout le monde veut manger. On commence à les trouver fort bons, même en Espagne. Le comte d'Aranda en mange beaucoup avec ses amis. On en fait en Allemagne, en Italie même, et certainement, avant qu'il soit peu, il y aura une nouvelle cuisine... » (*Lettre à Mme la marquise Du Deffant*. A Ferney, le 24 avril 1769.)

« Mes chers anges sont tout ébouriffés d'un déjeuner par devant notaire, mais s'ils savaient que tout cela s'est fait par le conseil d'un avocat qui connaît la province; s'ils savaient à quel fanatique fripon j'ai affaire, et dans quel extrême embarras je me suis trouvé, ils avoueraient que j'ai très bien fait. On ne peut donner une plus grande marque de mépris pour ces facéties que de les jouer soi-même. Ceux qui s'en abstiennent paraissent les craindre...» *(Lettre au comte d'Argental*, 8 mai 1769).

«... A l'égard du déjeuné, je vous répète qu'il était indispensable. Vous ne savez pas avec quelle fureur la calomnie sacerdotale m'a attaqué. Il me fallait un bouclier pour repousser les traits mortels qu'on me lançait. Voulez-vous toujours oublier que je suis dans un diocèse italien et que j'ai dans mon portefeuille la copie d'un bref de Rezzonico contre moi? Voulez-vous oublier que j'allais être excommunié comme le duc de Parme et vous? Voulez-vous oublier enfin que, lorsqu'on mit un bâillon à Lalli et qu'on lui eut coupé la tête pour avoir été malheureux et brutal, le roi demanda s'il était confessé? Voulez-vous oublier que mon évêque savoyard, le plus fanatique et le plus fourbe des hommes, écrivit contre moi au roi, il y a un an, les plus absurdes impostures; qu'il m'accusa d'avoir prêché dans l'église où son grand-père le maçon a travaillé? Il est très faux que le roi lui ait fait répondre, par M. de Saint-Florentin, qu'il ne voulait pas lui accorder la grâce qu'il demandait. Cette grâce était de me chasser du diocèse, de m'arracher aux terres que j'ai défrichées, à l'église que j'ai rebâtie, aux pauvres que je loge et que je nourris. Le roi lui fit écrire qu'il me ferait ordonner de me conformer à ses sages avis; c'est ainsi que cette lettre fut conçue. L'évêque maçon a eu l'indiscrétion inconcevable de faire imprimer la lettre de M. de Saint-Florentin.... J'édifie tous les habitants de mes terres et tous les voisins, en communiant. Ceux que leurs engagements empêchent d'approcher de ce sacrement auguste, ont une raison valable de s'en affranchir; un homme de mon âge n'en a point après douze accès de fièvre. Le roi veut qu'on remplisse ses devoirs de chrétien; non-seulement je m'acquitte de mes devoirs, mais j'envoie mes domestiques catholiques régulièrement à l'église et mes domestiques protestants régulièrement au temple; je pensionne un maître d'école pour enseigner le catéchisme aux enfants. Je me fais lire publiquement l'Histoire de l'Eglise et les sermons de Massillon à mes repas. Je mets l'imposteur d'Annecy hors de toute mesure et je le traduirai hautement au Parlement de Dijon, s'il a l'audace de faire un pas contre les lois de l'Etat. Je n'ai rien fait et ne ferai rien que par le conseil de deux avocats, et ce monstre sera couvert de tout l'opprobre qu'il mérite. Si par malheur j'étais persécuté, ce qui est assez le partage des gens de lettres qui ont bien mérité de leur patrie, plusieurs souverains, à commencer par le pôle et à finir par le quarante-deuxième degré, m'offrent des asiles. Je n'en sais point de meilleur que ma maison et mon innocence, mais enfin tout peut arriver. On a pendu et brûlé le conseiller Anne Dubourg. L'envie et la calomnie peuvent, au moins, me chasser de chez moi, et à tout hasard, il faut avoir de quoi faire une retraite honnête... » (*Lettre au comte d'Argental*, 23 mai 1769.)

« Le petit-fils de mon maçon, devenu évêque d'Annecy, n'a pas, comme vous savez, le mortier liant; il joint, aux fureurs du fanatisme, une mauvaise foi consommée, avec l'imbécillité d'un théologien né pour faire des cheminées ou pour les ramoner... Il y eut un bref du pape dans lequel je suis très clairement désigné; de sorte que je fus à la fois exposé à une lettre de cachet et à une excommunication majeure; mais que peut la calomnie contre l'innocence? La faire brûler quelquefois, me direz-vous; oui, il y en a des exemples dans notre sainte religion; mais n'ayant pas la vocation du martyre, j'ai pris le parti de m'en tenir au rôle de confesseur, après avoir été fort singulièrement confessé. — Or, voyez, je vous prie, ce que c'est que les fraudes pieuses. Je reçois dans mon lit le saint viatique que m'apporte mon curé devant tous les coqs de ma paroisse; je déclare, ayant Dieu dans ma bouche, que l'évêque d'Annecy est un calomniateur et j'en passe acte par devant notaire : voilà mon maçon d'Annecy furieux, désespéré comme un damné, menaçant mon bon curé, mon pieux confesseur et mon notaire. Que font-ils ? Ils s'assemblent secrètement au bout de quinze jours et ils dressent un acte dans lequel ils assurent par serment qu'ils m'ont entendu faire une profession de foi, non pas celle du *Vicaire savoyard,* mais celle de tous les curés de Savoie (elle est en effet du style d'un ramoneur). Ils envoient cet acte au maçon sans m'en rien dire et viennent ensuite me conjurer de ne les point désavouer. Ils conviennent qu'ils ont fait un faux serment pour tirer leur épingle du jeu. Je leur remontre qu'ils se damnent, je leur donne pour boire et ils sont contents.

» Cependant ce polisson de Biord, à qui je n'ai pas donné pour boire, jure toujours, comme un diable, qu'il me fera brûler dans ce monde-ci et dans l'autre. Je mets tout cela aux pieds de mon crucifix, et, pour n'être boint brûlé, je fais provision d'eau bénite....

» Quoique cet énergumène soit Savoyard et moi Français, cependant il peut me nuire beaucoup et je ne puis que le rendre odieux et ridicule ; ce n'est pas jouer à un jeu égal. Toutefois j'espère que je ne perdrai pas la partie ; car heureusement nous sommes au dix-huitième siècle et le maroufle croit être au quatorzième. Vous avez encore à Paris des gens de ce temps-là ; c'est sur quoi nous gémissons. Il est dur d'être borné aux gémissements ; mais il faut au moins qu'ils se fassent entendre, et que le bœuf-tigre frémisse...» (*Lettre à d'Alembert*, du 24 mai 1769.)

Voltaire père temporel des capucins de la paroisse de Gex

1770

« M. de Voltaire, dit Wagnière, dans l'ouvrage déjà cité, a rendu beaucoup de services, et de plus d'un genre, à la maison des capucins de Gex ; c'est ce qui fit désirer à ces moines de l'avoir pour leur *père temporel*, et ils l'obtinrent, dans l'année 1776[1], de leur

[1] Wagnière se trompe, c'est en 1770. Le 9 février de cette année, Voltaire écrivait de Ferney au cardinal de Bernis : « Vous me tenez rigueur, monseigneur, mais permettez-moi de vous dire que votre éminence a tort ; tout fâché que je suis contre vous, je ne laisse pas de vous donner ma bénédiction ; recevez-la avec autant de cordialité que je vous la donne. Si vous êtes cardinal, je suis capucin. Le général qui est à Rome m'en a envoyé la patente. Un gardien me l'a présentée. Je me fais faire une robe de capucin assez jolie. Il est vrai que la robe ne fait pas le moine... » Et il signait : « Frère Voltaire, capucin indigne. »

Au maréchal duc de Richelieu, le même jour : « Je suis très-fâché de mourir sans avoir pu vous donner ma bénédiction. Vous êtes tout étonné du terme dont je me sers, mais il me sied très-bien ; j'ai l'honneur d'être capucin. Notre général, qui est à Rome, m'a envoyé mes patentes signées de sa vénérable main. Je suis du sien ordre, mes titres sont *fils spirituel de Saint-François, et père temporel.* Dites-moi laquelle de vos défuntes maîtresses vous voulez que je tire du purgatoire, et je vous réponds sur ma barbe qu'elle n'y sera pas vingt-quatre heures. Recevez la bénédiction de V., capucin indigne, qui n'a point de bonne fortune de capucin. »

A Elie de Beaumont, le 16 février : « Permettez que je vous donne ma bénédiction en qualité de capucin. J'ai non seulement l'honneur d'être nommé père temporel des capucins de Gex, mais je suis associé, affilié à l'ordre, par un décret du révérend père

général à Rome, qui expédia à M. de Voltaire des patentes de père temporel des capucins de la province de Gex. Par réciprocité, ils lui rendaient, et à ses vassaux, tous les services qui dépendaient d'eux. Ils venaient toujours volontiers à Ferney et y étaient bien reçus. Ce sont indubitablement ces circonstances, jointes aux petites aventures dont nous avons parlé[1], qui ont donné lieu à ces contes, qu'*à la plus petite indisposition, il faisait venir un capucin et se confessait humblement à ses genoux;* contes si avidement accueillis et si souvent répétés par ses ennemis (p. 200 des *Mémoires sur Voltaire,* T. I).

général (Amatus Dalamballa). Jeanne la pucelle et la tendre Agnès Sorel sont toutes ébahies de ma nouvelle dignité. »

A d'Argental, le 19 février : « Je vous donne à tous ma bénédiction. Frère V., capucin indigne. Si vous êtes surpris de ma signature, sachez que je suis non seulement père temporel des capucins de Gex, mais encore agrégé au corps par le général Amatus Dalamballa, résidant à Rome. Voilà ce que m'a valu Saint Cucufin. Vous voyez que Dieu n'abandonne pas ses dévots. »

A madame la marquise Du Deffant, le 21 février : « . . . Mais, mon dieu, madame, saviez-vous que j'étais capucin ? C'est une dignité que je dois à madame la duchesse de Choiseul et à Saint Cucufin. Voyez comme Dieu a soin de ses élus, et comme la grâce fait des tours de passe-passe avant que d'arriver au but. Le général m'a envoyé de Rome ma patente. Je suis capucin au spirituel et au temporel, étant d'ailleurs père temporel des capucins de Gex. Tant de dignités ne m'ont point tourné la tête ; les honneurs chez moi ne changent point les mœurs. Il est vrai que je n'ai pas les bonnes fortunes du capucin de madame de Focalquier, mais on ne peut pas tout avoir. Recevez ma bénédiction.

✠ Frère V., capucin indigne. »

[1] *Les communions de Voltaire.*

TABLE DES MATIÈRES

SOUS PRESSE :

VOLTAIRE. *Histoire complète de sa vie*, par *Raoul d'Argental.*

VOLTAIRE ET L'EGLISE, par l'abbé *Moussinot.*

VOLTAIRE A PARIS, par *Edouard Damilaville.*

VOLTAIRE EN PRUSSE, par *Albert Thiériot.*

CENT ET UNE ANECDOTES SUR VOLTAIRE, par *Gaston de Génonville.*

POUR PARAITRE PROCHAINEMENT :

LE BIEN ET LE MAL QU'ON A DIT DE VOLTAIRE, par *Maxime de Cideville.*

www.ingramcontent.com/pod-product-compliance
Ingram Content Group UK Ltd.
Pitfield, Milton Keynes, MK11 3LW, UK
UKHW022127260726
13993UKWH00003B/1292